Impressum
Verlag: BABADADA GmbH, Nedderfeld 112 , 22529 Hamburg
Geschäftsführer / Verlagsleitung: Harald Hof
Druck: Books on Demand GmbH, In de Tarpen 42, 22848 Norderstedt

Imprint
Publisher: BABADADA GmbH, Nedderfeld 112 , 22529 Hamburg, Germany
Managing Director / Publishing direction: Harald Hof
Print: Books on Demand GmbH, In de Tarpen 42, 22848 Norderstedt

scuola

məktəp

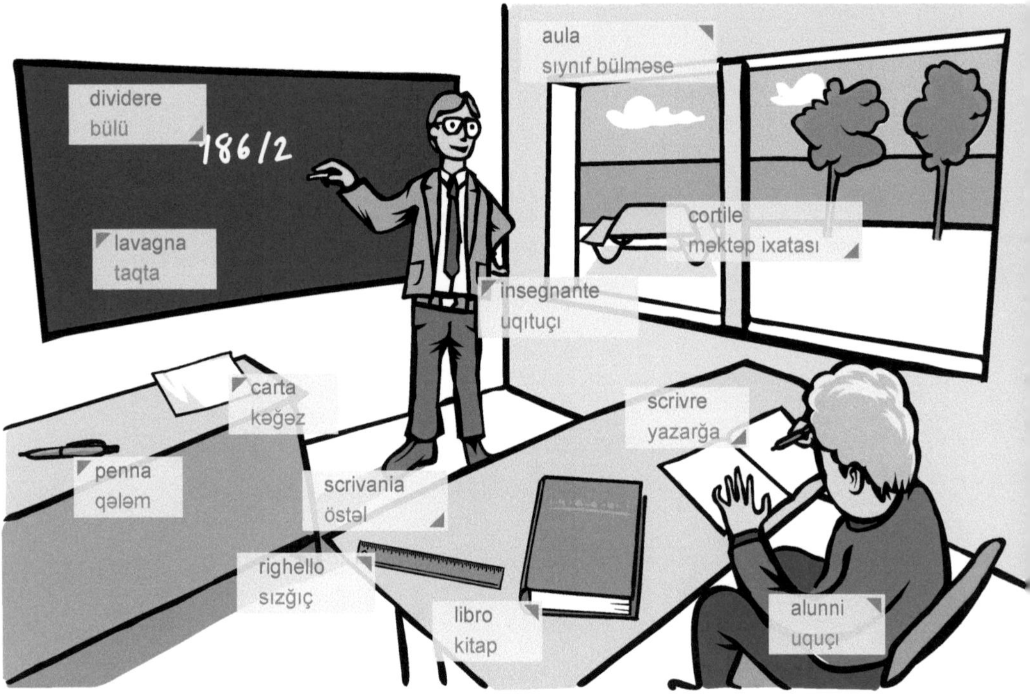
aula
sıynıf bülməse
dividere
bülü
186/2
lavagna
taqta
cortile
məktəp ixatası
insegnante
uqıtuçı
carta
kəğəz
scrivre
yazarğa
penna
qələm
scrivania
östəl
righello
sızğıç
libro
kitap
alunni
uquçı

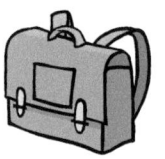

cartella
buqça

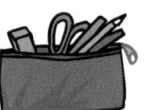

portapenne
qələmdan

matita
qırandaş

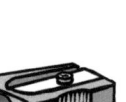

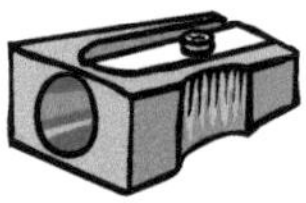

temperino
qələm oçlağıç

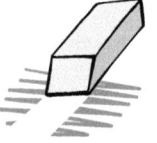

gomma
betergeç

blocco da disegno
rəsem dəftəre

disegno

rəsem

pennelli

pumala

scatola dei colori

buyawlar tartması

forbici

qayçı

colla

cilem

libro degli esercizi

dəftər

compiti

öy eşe

numero

san

addizionare

quşu

sottrarre

alu

moltiplicare

tapqırlaw

calcolare

isəpləw

lettera

xəref

alfabeto

əlifba

parola

süz

testo
tekst

leggere
uqırğa

gesso
aqbur

lezione
dəres

registro
sıynıf jurnalı

esame
imtixan

pagella
sertifikat

uniforme
məktəp forması

istruzione
məğərif

enciclopedia
ensiklopediyə

università
universitə

microscopio
mikroskop

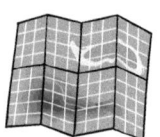

cartina
xarita

cestino
çüp qəğəz çiləge

viaggio
səyəxət

hotel
qunaqxane
Grand
ostello
hostel
ROOMS
uffico di cambio
valüta bürosı
valigia
baul
automobile
maşina

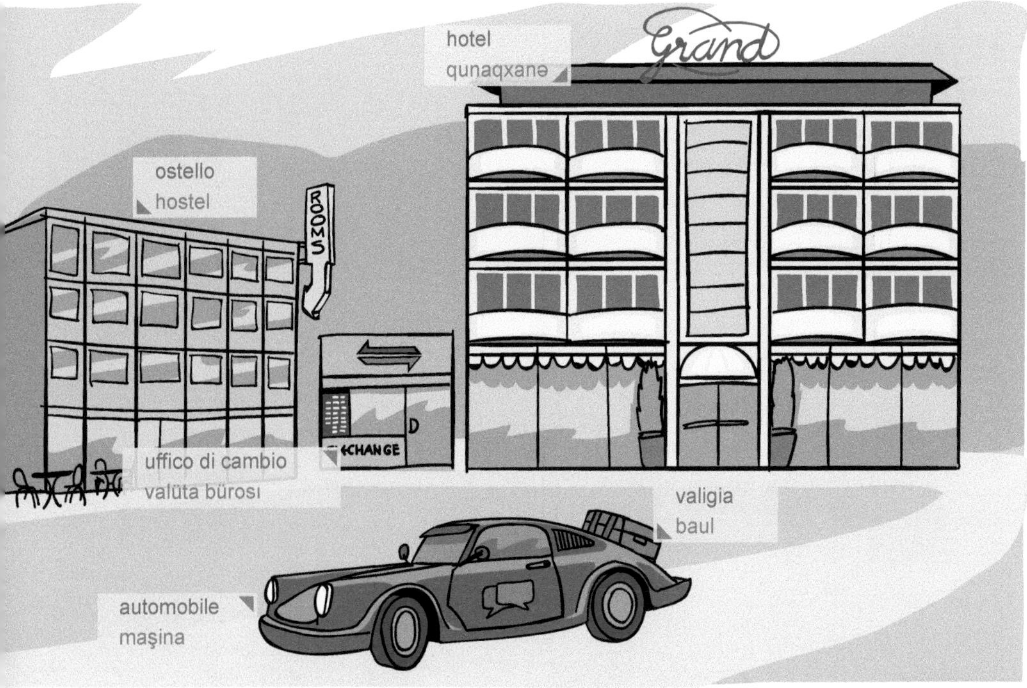

Lingua

tel

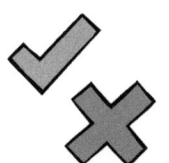

sì / no

əye / yuq

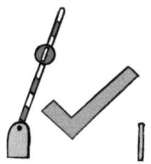

okay

yarar

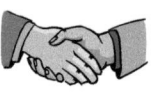

ciao

isənmesez

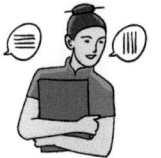

interprete

tərceməçe

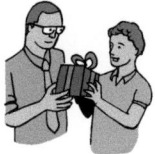

Grazie

Rəxmət

Quanto costa...?

... küpme tora?

Non capisco

min añlamıym

problema

problem

buona sera

Xəyerle kiç!

Buongiorno!

Xəyerle irtə!

Buonanotte!

Tınıç yoqı!

arrivederci

saw bulığız

direzione

yünələş

bagagli

bagaj

borsa

buqça

zaino

biştər

ospite

qunaq

camera

bülmə

sacco a pelo

yoqı qapçığı

tenda

çatır

Informazioni

turist məğlüməte

spiaggia

qomsal

carta di credito

kredit kərte

colazione

irtənge aş

pranzo

töşlek

cena

kiçke aş

biglietto

bilet

ascensore

lift

francobollo

marka

confine

çik

dogana

tamğaxanə

ambasciata

ilçelek

visto

viza

passaporto

pasport

trasporto

transport

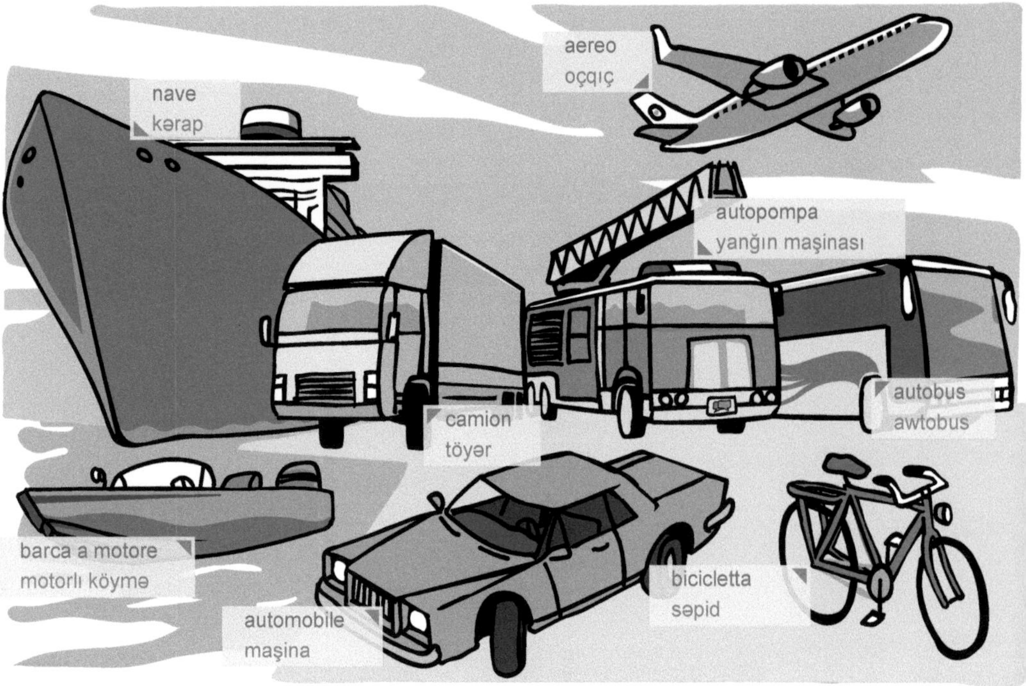

aereo
oçqıç
nave
kərap
autopompa
yanğın maşinası
autobus
awtobus
camion
töyər
barca a motore
motorlı köymə
bicicletta
səpid
automobile
maşina

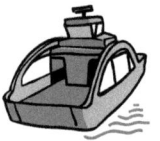

traghetto

boram

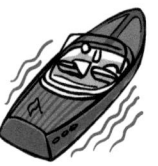

barca

köymə

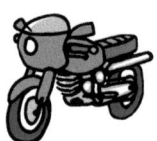

motocicletta

motosiklət

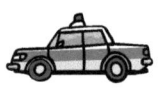

auto della polizia

polisə maşinası

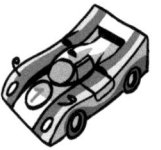

auto da corsa

uzış maşinası

auto a noleggio

kiralıq maşina

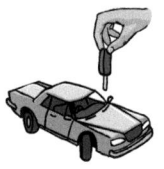

carsharing

karşering

carro attrezzi

tartuçı

camion della nettezza urbana

çüp töyəre

motore

motor

benzina

yağulıq

benzinaio

benzinlek

cartello stradale

trafik bilgese

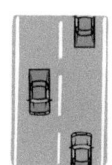

traffico

xərəkət

ingorgo

böke

parcheggio

parking

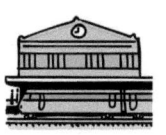

stazione

stansa

binari

rəy

treno

trən

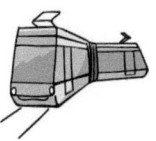

tram

tramway

vagone

vagon

elicottero
boralaq

aeroporto
hawa alanı

torre di controllo
manara

passeggero
yulçı

container
konteyner

cartone
alap

carretto
yök arbası

cestino
səbət

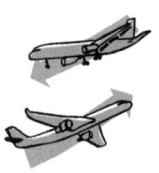

decollare / atterrare
qalqu / töşü

città

şəhər

paese
awıl

centro
şəhər üzəge

casa
yort

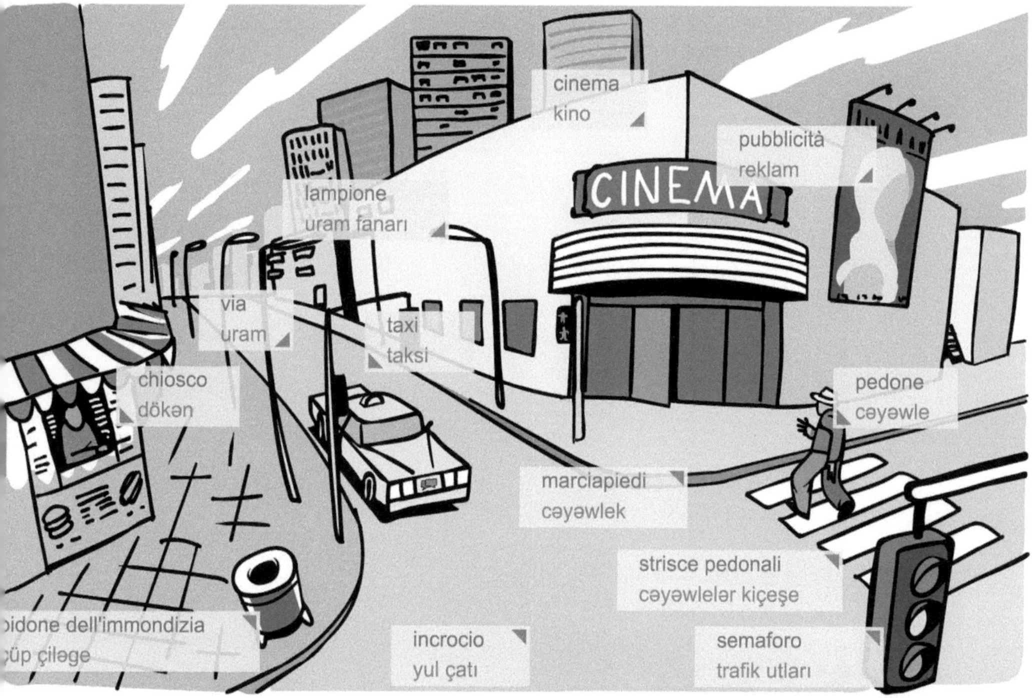
cinema
kino
pubblicità
reklam
lampione
uram fanarı
via
uram
taxi
taksi
chiosco
dökən
pedone
cəyəwle
marciapiedi
cəyəwlek
strisce pedonali
cəyəwlelər kiçeşe
idone dell'immondizia
üp çiləge
incrocio
yul çatı
semaforo
trafik utları

capanna

alaçıq

appartamento

fatir

stazione

stansa

municipio

şəhər xakimiyəte

museo

yədkərxanə

scuola

məktəp

università
universitə

banca
bank

ospedale
xastaxanə

hotel
qunaqxanə

farmacia
daruxanə

uffico
ofis

libreria
kitap kibete

negozio
kibet

fioraio
çəçək kibete

supermercato
supermarket

mercato
bazar

grande magazzino
zur kibet

pescheria
balıq kibete

centro commerciale
səwdə üzəge

porto
liman

parco

park

panchina

eskəmiyə

ponte

küper

scale

basqıç

metropolitana

metro

galleria

tunnel

fermata dell'autobus

awtobus tuqtalışı

bar

bar

ristorante

restoran

cassetta delle lettere

yamıl tartması

segnale stradale

uram bilgese

parchimetro

parking sanağıçı

zoo

xaywan baqçası

piscina

xəwezxanə

moschea

məçet

fattoria

çeftlek

inquinamento

kerlelek

cimitero

zirat

chiesa

çirkəw

parco giochi

uyın alanı

tempio

ğibädätxanä

paesaggio
tirə-yün

foglia
yafraq

cartello
yul kürsətkeçe

strada
yul

prato
bolın

pietra
taş

escursionista
yöreşçe

albero
ağaç

fiume
yılğa

erba
ülən

fiore
çeçək

valle

üzən

collina

qalqulıq

lago

kül

bosco

urman

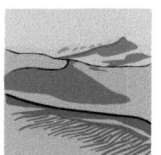

deserto

çül

vulcano

yanartaw

castello

nığıtma

arcobaleno

salawat küpere

fungo

gömbə

palma

palma

zanzara

çerki

mosca

çeben

formica

qırmısqa

ape

bal qortı

ragno

ürməküç

coleottero

qoñğız

rana

baqa

scoiattolo

tiyen

riccio

kerpe

coniglio

quyan

civetta

yabalaq

uccello

qoş

cigno

aqqoş

cinghiale

qaban duñğızı

cervo

bolan

alce

poşıy

diga di sbarramento

tuan

turbina eolica

cir turbını

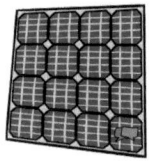

pannello solare

qoyaş panele

clima

iqlim

ristorante

restoran

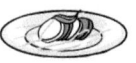

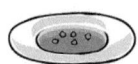

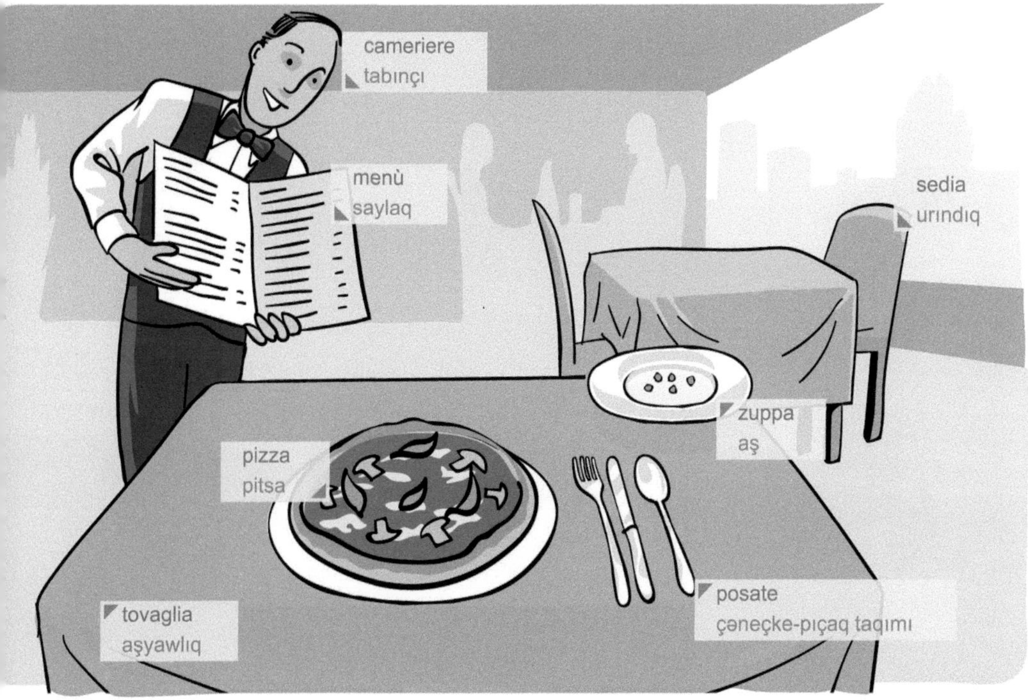

cameriere
tabınçı
menù
saylaq
sedia
urındıq
zuppa
aş
pizza
pitsa
posate
çəneçke-pıçaq taqımı
tovaglia
aşyawlıq

antipasto

qabımlıq

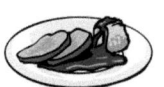

piatto principale

töp aşamlıq

dessert

tatlı

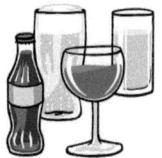

bevande

eçemleklər

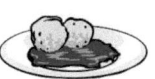

cibo

azıq

bottiglia

şeşə

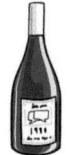

fast food

fastfud

cibo di strada

uram rizığı

teiera

çəygün

zuccheriera

şikər sawıtı

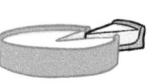

porzione

salım

macchina del caffè

espresso maşını

seggiolone

biyek urındıq

fattura

xisap

vassoio

töger

coltello

pıçaq

forchetta

çəneçke

cucchiaio

qaşıq

cucchiaino da tè

çəy qaşığı

tovagliolo

tastımal

bicchiere

tustağan

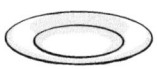

piatto

tabaq

piatto fondo

aş tabağı

piattino

cəypək

salsa

sous

saliera

toz sawıtı

macinino da pepe

borıç tegerməne

aceto

serkə

olio

sıyıq may

spezie

təmlətkeç

ketch up

ketçup

senape

xərdəl

maionese

mayonez

supermercato
supermarket

offerta
maxsus təqdim
FOR
cliente
satıp aluçılar
latticini
söt eşlənmələre
frutta
cimeş
carrello della spesa
kibet arbası

BUTCHERS

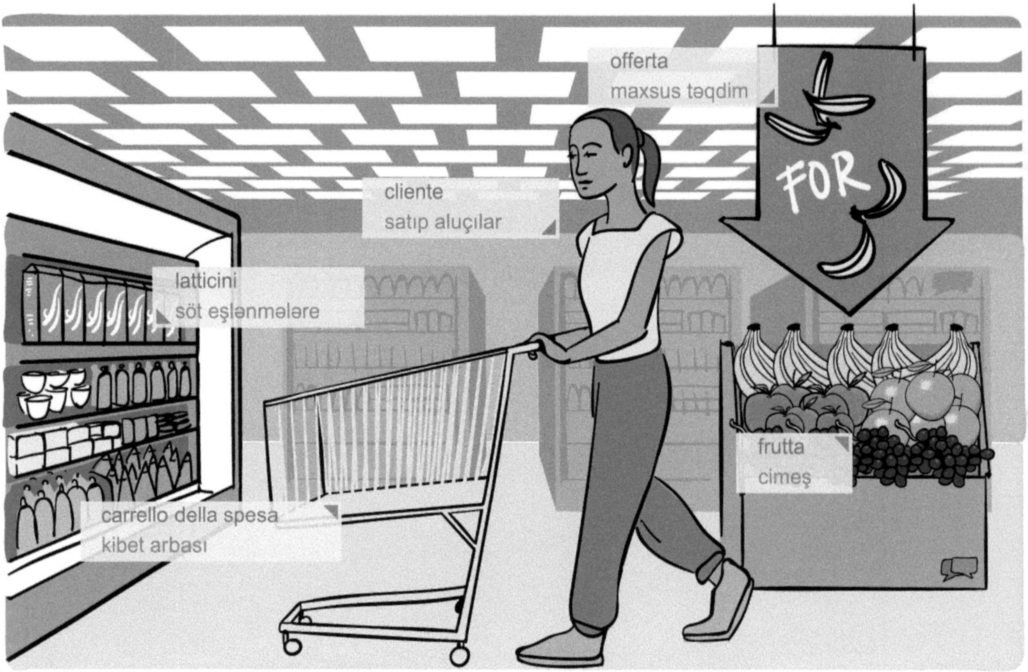

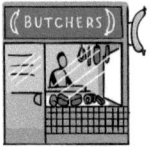

macelleria

it kibete

BAKERY

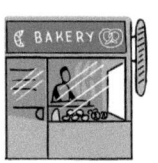

panetteria

ikməkxanə

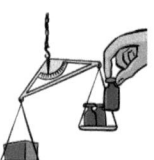

pesare

ülçəw

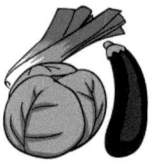

verdura

yəşelçə

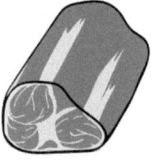

carne

it

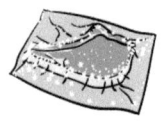

surgelati

tuñdırılğan aşamlıqlar

affettato

suıq it

conserve

kənsirləngən aşamlıq

detersivo

ker tuzı

dolciumi

şikərləmələr

casalinghi

öy eşlənmələre

detersivo

təmizlek eşlənmələre

commessa

satuçı

cassa

yazuçı kassa

cassiere

kassir

lista della spesa

satıp alu isemlege

orari d'apertura

eş waqıtı

portafoglio

qalta

carta di credito

kredit kərte

sacchetto

buqça

sacchetto di plastica

plastik qapçıq

acqua

su

succo di frutta

sut

latte

söt

coca-cola

kola

vino

şərəb

birra

sıra

alcol

xəmer

cacao

kakao

tè

çəy

caffè

qəhwə

espresso

espresso

cappuccino

kapuçino

banana

banan

mela

alma

arancio

əflisun

melone

qarbız

limone

limon

carota

kişer

aglio

sarımsaq

bambù

bambu

cipolla

suğan

fungo

gömbə

noci

çikləweklər

pasta

toqmaç

spaghetti

spagetti

riso

döge

insalata

salat

patatine fritte

çips

patatine fritte

qızdırılğan bərəñge

pizza

pitsa

hamburger

hamburger

sandwich

sandwiç

cotoletta

kətlit

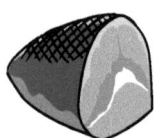

prosciutto

ветчина

salame

salami

salsiccia

sosis

pollo

tawıq ite

arrosto

qızdırma

pesce

balıq

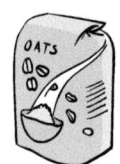

fiocchi di avena

solı izməse

muesli

müsli

corn flakes

məkkəy keterdege

farina

on

croissant

kruassan

panino

ipi tügərəge

pane

ikmək

toast

tost

biscotti

kətərməç

burro

may

quark

eremçek

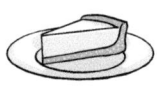

torta

kəyk

uovo

yomırqa

uovo al tegamino

təbə

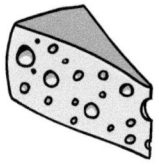

formaggio

pəynir

gelato

tuñdırma

zucchero

şikər

miele

bal

marmellata

qaynatma

crema gianduia

şokolad izməse

curry

karri

fattoria
çeftlek

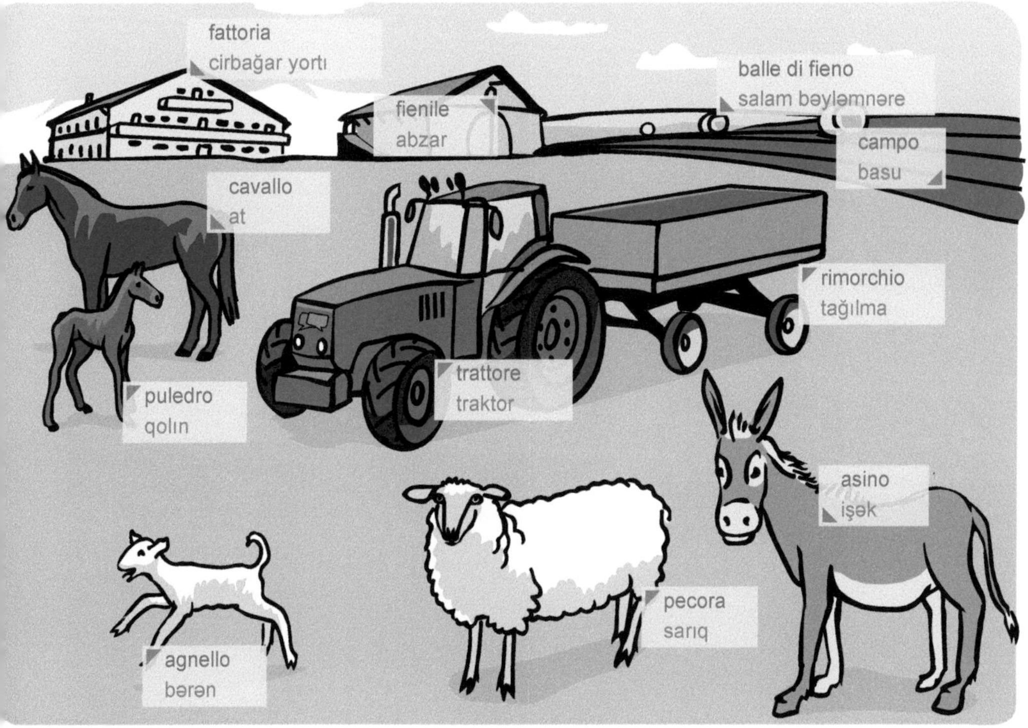
fattoria
cirbağar yortı
fienile
abzar
balle di fieno
salam bəyləmnəre
campo
basu
cavallo
at
rimorchio
tağılma
puledro
qolın
trattore
traktor
asino
işək
pecora
sarıq
agnello
bərən

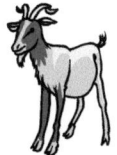

capra
kəcə

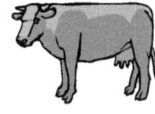

mucca
sıyır

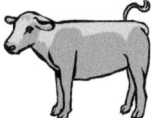

vitello
bozaw

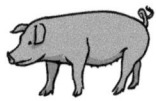

maiale
duñğız

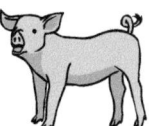

porcellino
duñğız balası

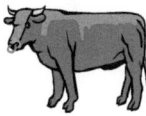

toro
ügez

oca

qaz

anatra

ürdək

pulcino

çebi

gallina

tawıq

gallo

ətəç

ratto

küse

gatto

pesi

topo

tıçqan

bue

eş ügeze

cane

et

cuccia

et oyası

tubo d'irrigazione

baqça xortumı

annaffiatoio

susipkeç

falce

çalğı

aratro

saban

falce

uraq

zappa

kitmən

forcone

sənək

accetta

balta

cariola

qul arbası

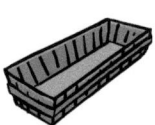

trogolo

tağaraq

contenitore del latte

söt çiləge

sacco

qapçıq

recinto

qoyma

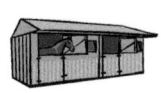

stalla

abzar

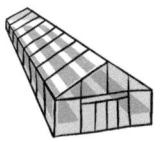

serra

essexanə

terreno

tufraq

semina

orlıq

fertilizzante

aşlama

trebbiatrice

kombayn

raccogliere

uñış cıyarğa

raccolto

uñış

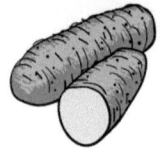

igname

yam

frumento

boday

soia

soya

patate

bərəñge

mais

məkkəy

colza

raps

albero da frutta

cimeş ağaçı

manioca

manyok

cereali

börteklelər

casa
yort

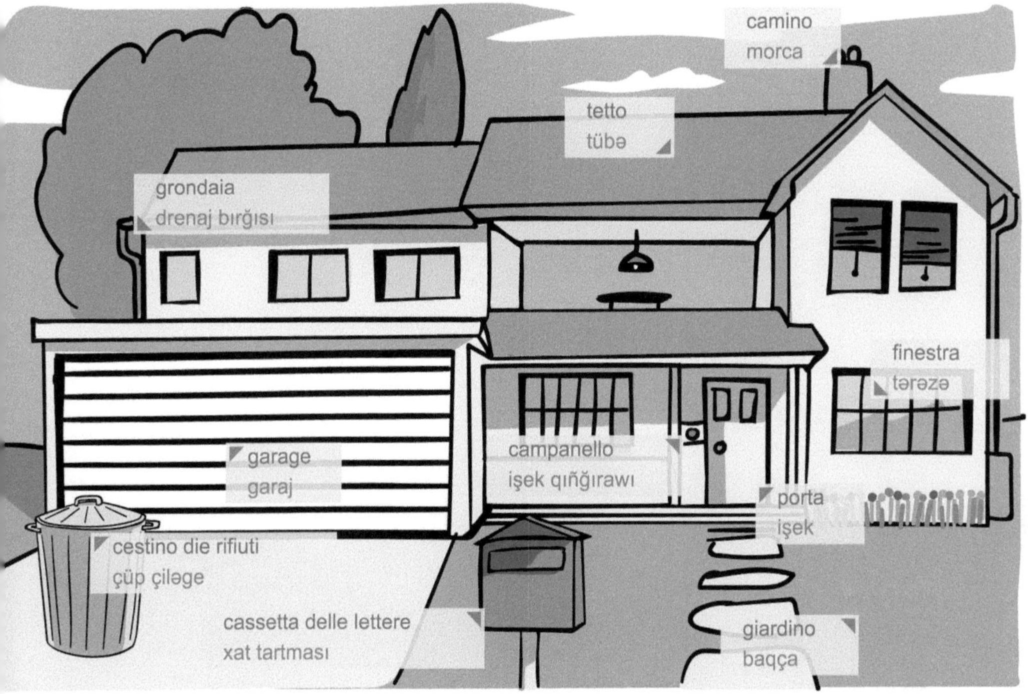
camino
morca
tetto
tübə
grondaia
drenaj bırğısı
finestra
tərəzə
garage
garaj
campanello
işek qıñğırawı
porta
işek
cestino die rifiuti
çüp çiləge
cassetta delle lettere
xat tartması
giardino
baqça

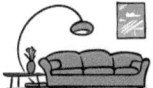

soggiorno
qunaq bülməse

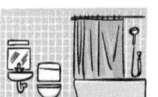

bagno
yuınu bülməse

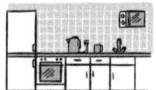

cucina
aş bülməse

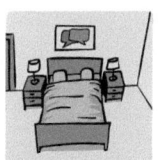

camera da letto
yataq bülməse

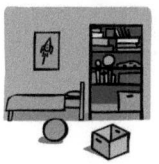

stanza dei bambini
bala bülməse

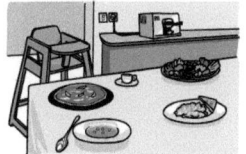

sala da pranzo
aş bülməse

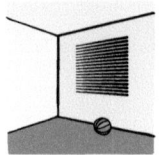

pavimento

idän

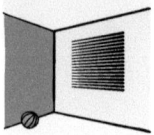

parete

diwar

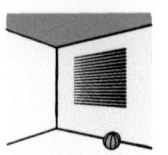

coperta

tüşəm

cantina

tülə

sauna

sawna

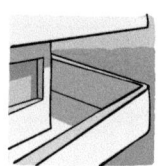

balcone

balkon

terrazza

teras

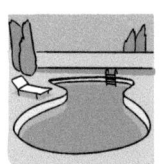

piscina

xəwez

tosaerba

çirəmçapqıç

lenzuola

cəymə

coperta

yataq yapması

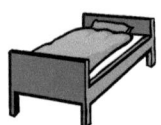

letto

yataq

scopa

seberke

cestino

çilək

interruttore

özgeç

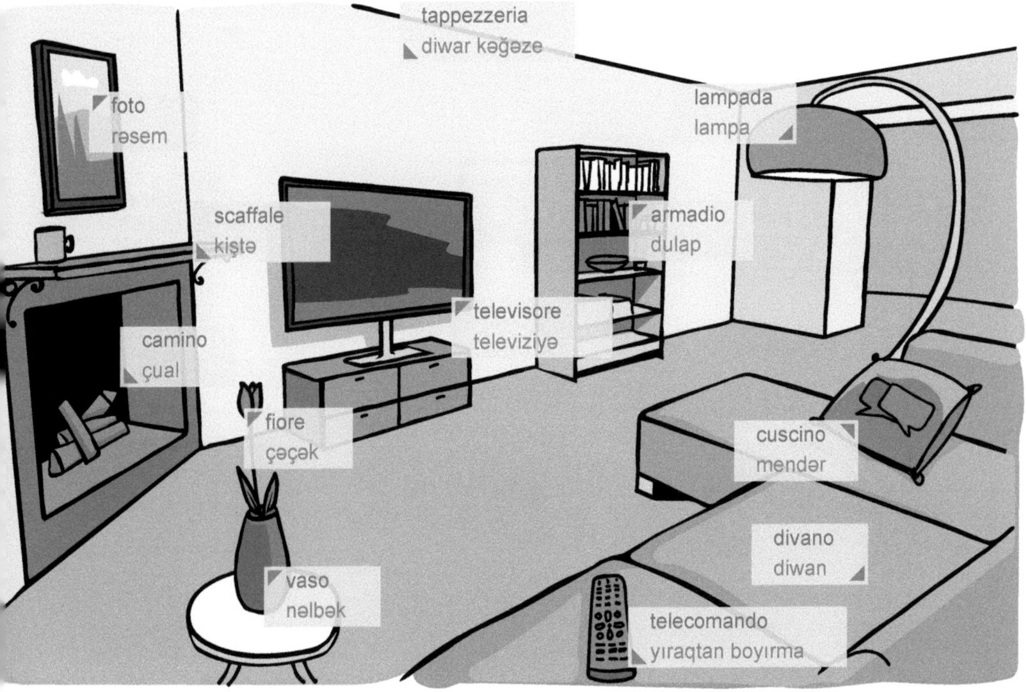

tappezzeria
diwar kəğəze

foto
rəsem

lampada
lampa

scaffale
kiştə

armadio
dulap

televisore
televiziyə

camino
çual

fiore
çəçək

cuscino
mendər

divano
diwan

vaso
nəlbək

telecomando
yıraqtan boyırma

tappeto

keləm

tenda

pərdə

tavolo

östəl

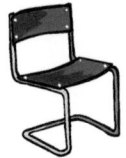

sedia

urındıq

sedia a dondolo

tirbəlmə urındıq

poltrona

kənəfi

libro

kitap

coperta

yapma

decorazione

dekor

legna da ardere

utın

film

film

impianto stereo

hi-fi

chiavi

açqıç

quotidiano

gəcit

dipinto

sürət

poster

poster

radio

radio

taccuino

quyın dəftəre

aspirapolvere

tuzansuırğıç

cactus

kaktus

candela

şəm

cucina
aş bülməse

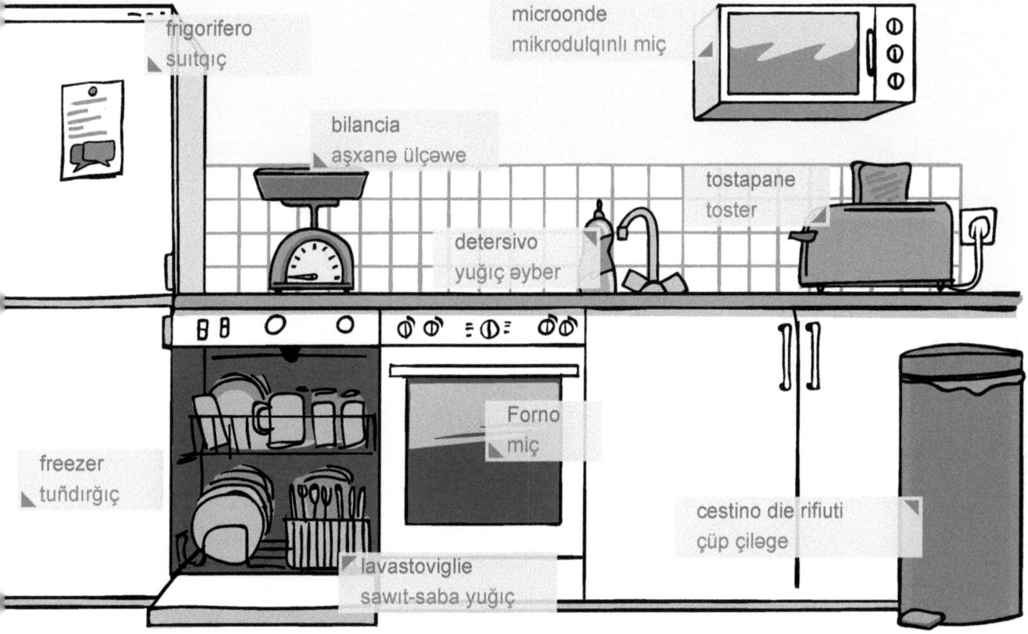

frigorifero
suıtqıç
microonde
mikrodulqınlı miç
bilancia
aşxanə ülçəwe
tostapane
toster
detersivo
yuğıç əyber
Forno
miç
freezer
tuñdırğıç
cestino die rifiuti
çüp çiləge
lavastoviglie
sawıt-saba yuğıç

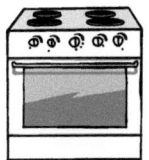

fornello
....
əwsək

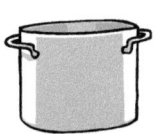

pentola
....
sağan

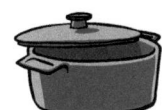

padella di ferro
....
çuyın sağan

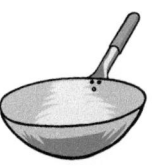

wok / kadai
....
wok

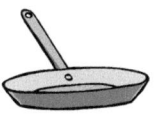

padella di ferro
....
taba

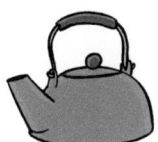

bollitore per l'acqua
....
çəygün

Forno a vapore

bulı peşergeç

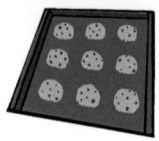

teglia

qalay

stoviglie

sawıt-saba

tazza

təgeç

buccia

kəsə

bacchette

aşaw tayaqçıqları

mestolo

ucaw

paletta da cucina

spatula

frusta

tuğlağıç

scolapasta

sözgeç

setaccio

ilək

grattuggia formaggio

qırğıç

mortaio

kile

barbecue

barbekü

focolare

açıq uçaq

tagliere

taqta

mattarello

uqlaw

cavatappi

böke suırğıç

lattina

metal tartma

apriscatole

kənsir açqıç

presina

miç biyələye

lavandino

kirşən

spazzola

fırça

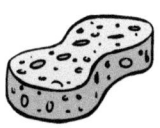

spugna

bolıt

frullatore

blender

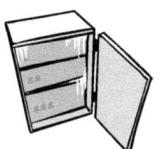

congelatore

tirən tuñdırğıç

biberon

imezlekle şeşə

rubinetto

çömək

bagno
yuınu bülməse

doccia
duş
riscaldamento
cılıtu
asciugamani
sölge
tendina da doccia
duş pərdəse
bagnoschiuma
kübekle vanna
vasca
vanna
bicchiere
tustağan
lavatrice
ker yuğıç
rubinetto
çömək
piastrelle
fayans
vasino
lazemlek
lavandino
kirşən

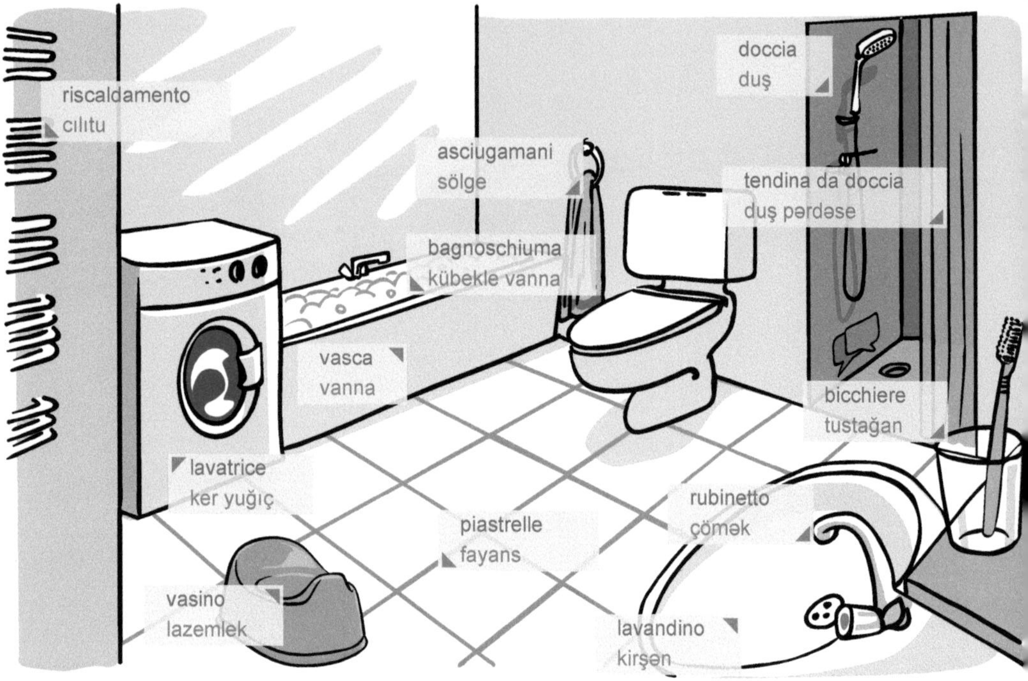

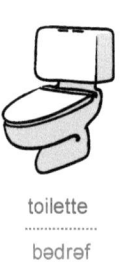

toilette

bədrəf

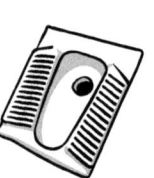

urinatoio turco

törekçə bədrəf

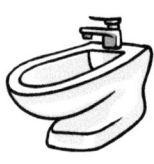

bidet

bide

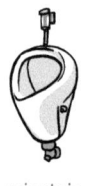

urinatoio

pissuar

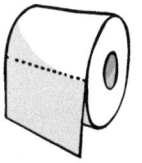

carta igienica

bədrəf kəğəze

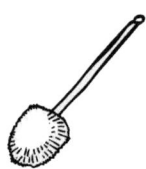

spazzola da water

bədrəf fırçası

spazzolino da denti

teş fırçası

dentifricio

teş məğcüne

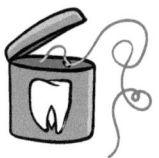

filo interdentale

teş cebe

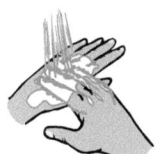

lavare

yuarğa

doccetta

duş başlığı

doccia intima

duş

bacinella

kirşən

spazzola da bagno

arqa fırçası

sapone

sabın

gel da doccia

duş señəle

shampoo

şampun

manopola

munçala

scarico

ağım

crema

krem

deodorante

dezodorant

specchio

közge

specchio

qul közgese

rasoio

östərə

schiuma da barba

qırınu kübege

dopobarba

qırınu losyonı

pettine

taraq

spazzola

fırça

fon

fön

lacca

çəç sprəye

make up

makiyaj

rossetto

iren innege

smalto

tırnaq cələse

ovatta

mamıq

forbice per unghie

tırnaq qayçısı

profumo

xuşbuy

borsetta da bagno

makiyaj buqçası

sgabello

utırğıç

bilancia

ülçəw

accappatoio

çoba

guanti

rezin iləsə

assorbente

tampon

assorbenti

higiyenik pəd

bagno chimico

kimiyəwi bədrəf

stanza dei bambini

bala bülməse

sveglia
uyatqıç səğət
peluche
yomşaq uyınçıq
automobilina
uyınçıq maşina
sonaglio
şaltırawıq
casa delle bambole
qurçaq yortı
regalo
bülək

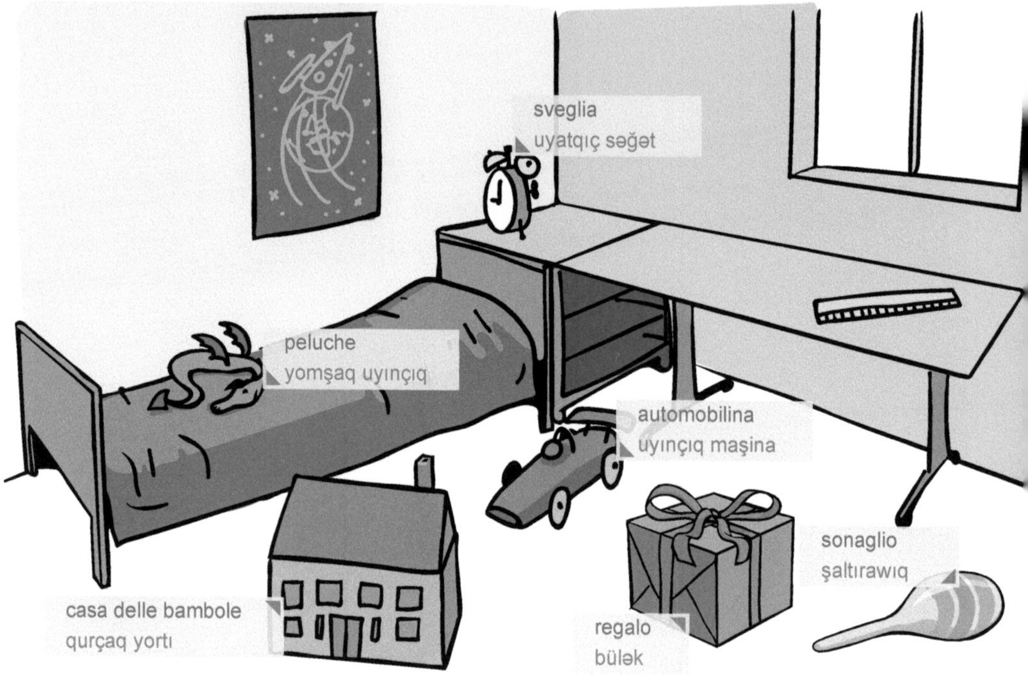

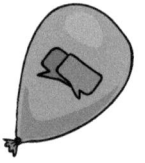

palloncino

hawa şarı

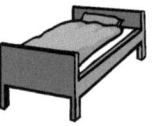

letto

yataq

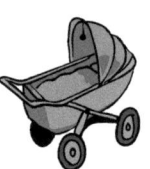

passeggino

bəbi arbası

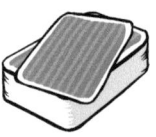

mazzo di carte

kərt dəstəse

puzzle

pazl

SUPER
MEGA

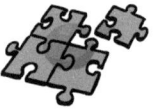

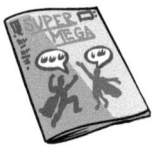

comic

komiks

lego

lego kirpeçləre

mattoncini

şaqmaqlar

action figure

uyın sınçığı

tutina

zıbın

frisbee

frisbi

giostrina

mobil

gioco da tavolo

östəl uyını

dadi

uyın taşı

trenino

trən modele cıyılması

ciuccio

imezlek

festa

kiçə

libro illustrato

rəsemle kitap

palla

tup

bambola

qurçaq

giocare

uynarğa

sabbiera

qomlıq

altalena

tağan

giocattolo

uyınçıqlar

console

uyın quşması

triciclo

öç köpçəkle səpid

orsetto

uyınçıq ayu

guardaroba

kiyem dulabı

calzini

oyıqbaş

calze

oyıq

collant

oyığıştan

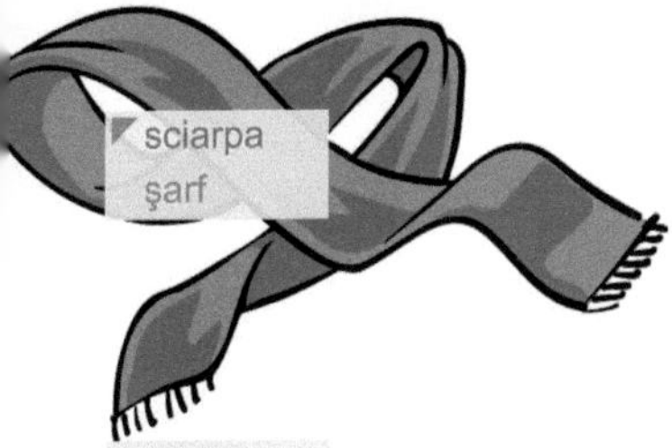

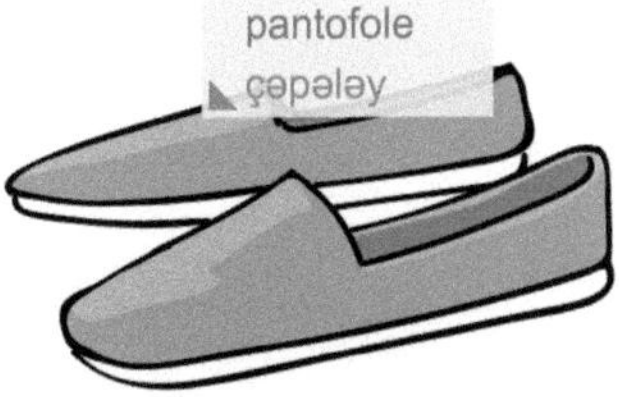

sciarpa
şarf

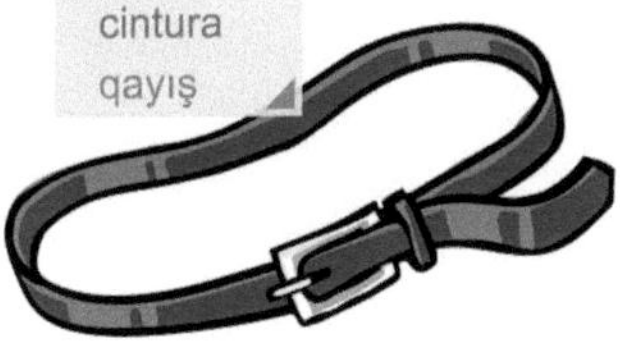

cintura
qayış

ombrello
qulçatır

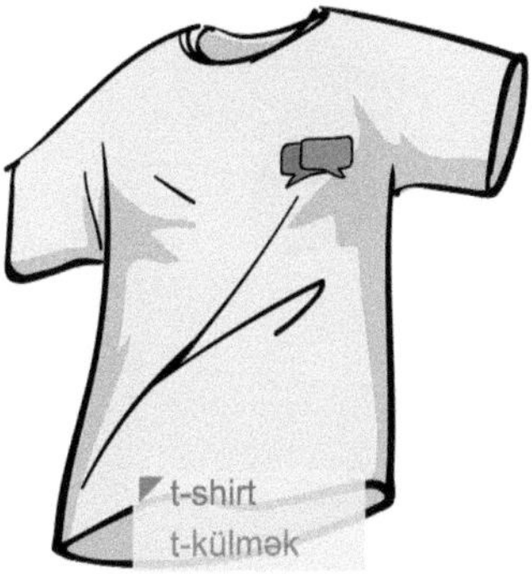

t-shirt
t-külmək

stivali
itek

sneakers
sport ayaq kiyeme

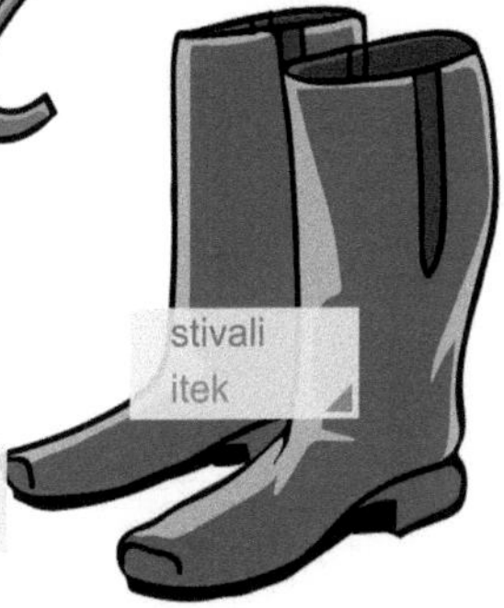

pantofole
çəpələy

sandali
·················
sandallar

scarpe
·················
ayaq kiyeme

stivali di gomma
·················
rezin itek

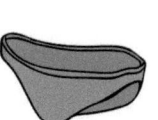

mutande
·················
tənban

reggiseno
·················
tüşti

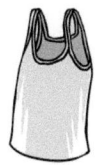

canottiera
·················
cələk

body
bodi

pantaloni
çalbar

jeans
jins

gonna
itək

camicetta
bluz

camicia
külmək

pullover
sviter

felpa
hudi

giacca
bleyzer

giacca
jaket

cappotto
bişmət

impermeabile
yañğırlıq

tailleur
kəçtüm

abito
külmək

abito da sposa
tuy külməge

abito (da uomo)

taqım kiyem

camicia da notte

tönge külmək

pigiama

pijama

sari

sari

foulard

yawlıq

turbante

çalma

burka

burqa

kaftano

çapan

abaya

abaya

costume da bagno

qoyınu kiyeme

costume da bagno
(maschile)

yözü tənbanı

pantaloncini

şort

tuta da ginnastica

sport kiyeme

grembiule

alyapqıç

guanti

iləsə

bottone

töymə

occhiali

küzlek

braccialetto

beləzek

collana

muyınsa

anello

baldaq

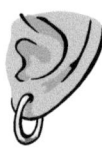

orecchino

alqa

berretto

kəpəç

appendiabiti

elgeç

cappello

eşləpə

cravatta

muyınbaw

zip

zıncır

casco

oçlam

bretelle

çalbar asması

uniforme

məktəp forması

uniforme

forma

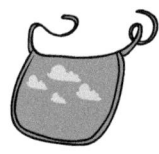

bavaglino

balalar kükrəkçəse

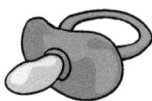

ciuccio

imezlek

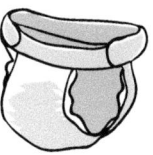

pannolini

küzələ

uffico

ofis

server
server
armadio per le pratiche
buma dulabı
stampante
basaq
carta
kəğəz
monitor
kürək
mouse
tıçqan
scrivania
östəl
raccoglitore
buma
tastiera
töyməsar
sedia
urındıq
cestino
çüp qəğəz çiləge
computer
sanaq

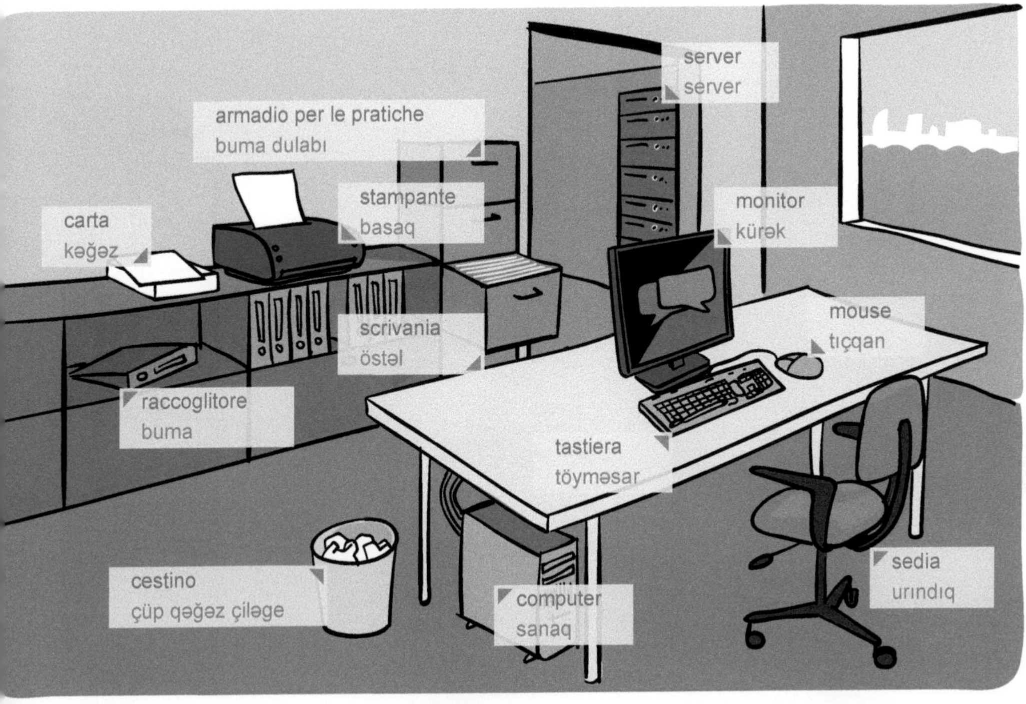

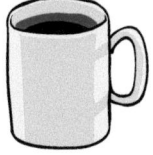

tazza da caffè

qəhwə təgəçe

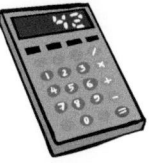

calcolatrice

sansanar

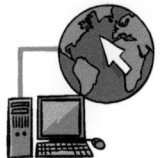

internet

internet

portatile

ləptop

lettera

xat

messaggio

xəbər

cellulare

kesə telefonı

rete

çeltər

fotocopiatrice

fotokopyaçı

software

program təminatı

telefono

telefon

spina

ayırğıç

fax

faks

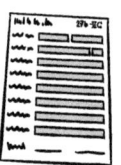

modulo

form

documento

dokument

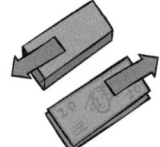

comprare

satıp alırğa

pagare

tülergə

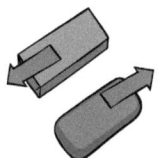

commerciare

səwdə itergə

soldi

aqça

USD

dollaro

dollar

EUR

euro

euro

JPY

yen

yen

RUB

rublo

sum

CHF

franco svizzero

frank

CNY

renminbi yuan

yuan

INR

rupia

rupi

bancomat

bankomat

uffico di cambio

valüta bürosı

oro

altın

argento

kömeş

petrolio

qaramay

energia

energiyə

prezzo

bəyə

contratto

kontrakt

tassa

salım

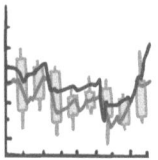

azioni

stok

lavorare

eşlərgə

impiegato

eşçe

datore di lavoro

eş birüçe

fabbrica

fabrika

negozio

kibet

professioni
hönərlər

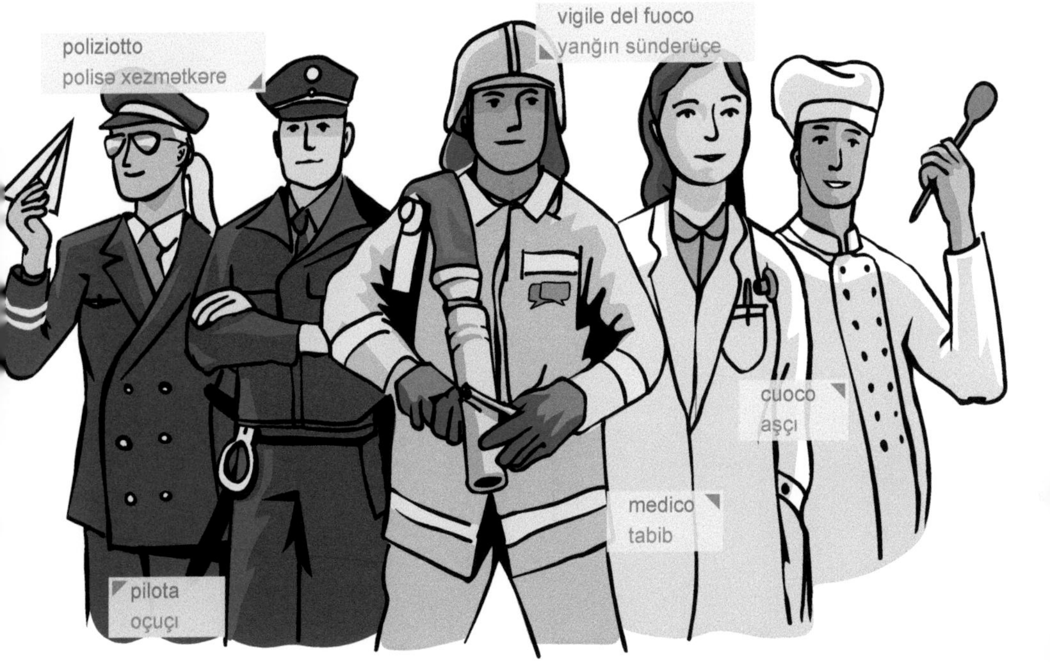
vigile del fuoco
yanğın sünderüçe
poliziotto
polisə xezmətkəre
cuoco
aşçı
medico
tabib
pilota
oçuçı

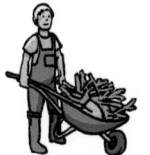

giardiniere

baqçaçı

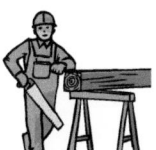

falegname

ağaç ostası

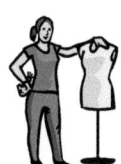

sarta

tegüçe

giudice

xökemçe

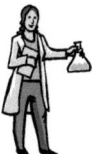

chimico

kimiyəçe

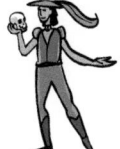

attore

aktor

autista dell'autobus

awtobus yörtüçe

tassista

taksiçe

pescatore

balıqçı

donna delle pulizie

cıyıştıruçı xatın

copritetto

tübə yabuçı

cameriere

tabınçı

cacciatore

awçı

pittore

rəssam

fornaio

ikməkçe

elettricista

elektrçı

operaio edile

tözüçe

ingegnere

möhəndis

macellaio

itçe

idraulico

çöməkçe

postino

yamılçı

soldato
ğəskəri

architetto
miğmar

cassiere
kassir

fioraio
çəçəkçe

parrucchiere
çəçtaraş

controllore
konduktor

meccanico
mekanik

capitano
kapitan

dentista
teş tabibı

scienziato
ğalim

rabbino
rabbi

imam
imam

monaco
kəşiş

clerico
ruxani

attrezzi
ələtlər

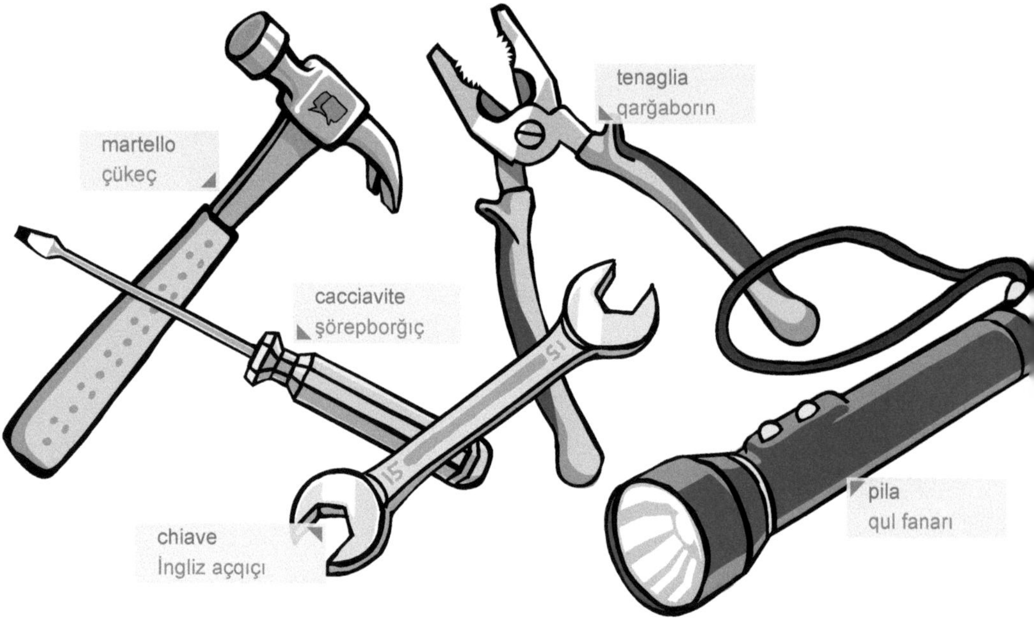

tenaglia
qarğaborın
martello
çükeç
cacciavite
şörepborğıç
pila
qul fanarı
chiave
İngliz açqıçı

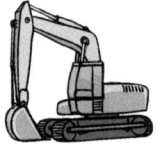

ruspa

qazu maşinası

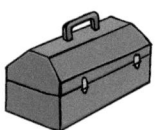

cassetta degli attrezzi

ələt buqçası

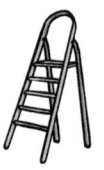

scala

basqıç

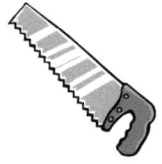

sega

pıçqı

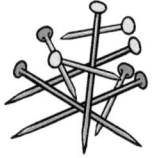

chiodi

qadaqlar

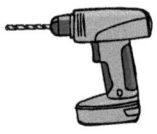

trapano

dril

riparare

tözətergə

pala

körək

Dannazione!

Şaytan alğırı!

paletta per l'immondizia

sosqı

barattolo di colore

buyaw sawıtı

viti

mıqlar

strumenti musicali
muzıka alətləre

altoparlante
tawış köçəytkeç

batteria
dawılbaz taqımı

chitarra
gitar

contrabbasso
kontrabas

tromba
bırğı

pianoforte

piano

violino

kəmən

basso

bas gitar

timpano

timpani

tamburo

dawılbaz

tastiera

töymәsar

sassofono

saksofon

flauto

flüt

microfono

mikrofon

zoo
xaywan baqçası

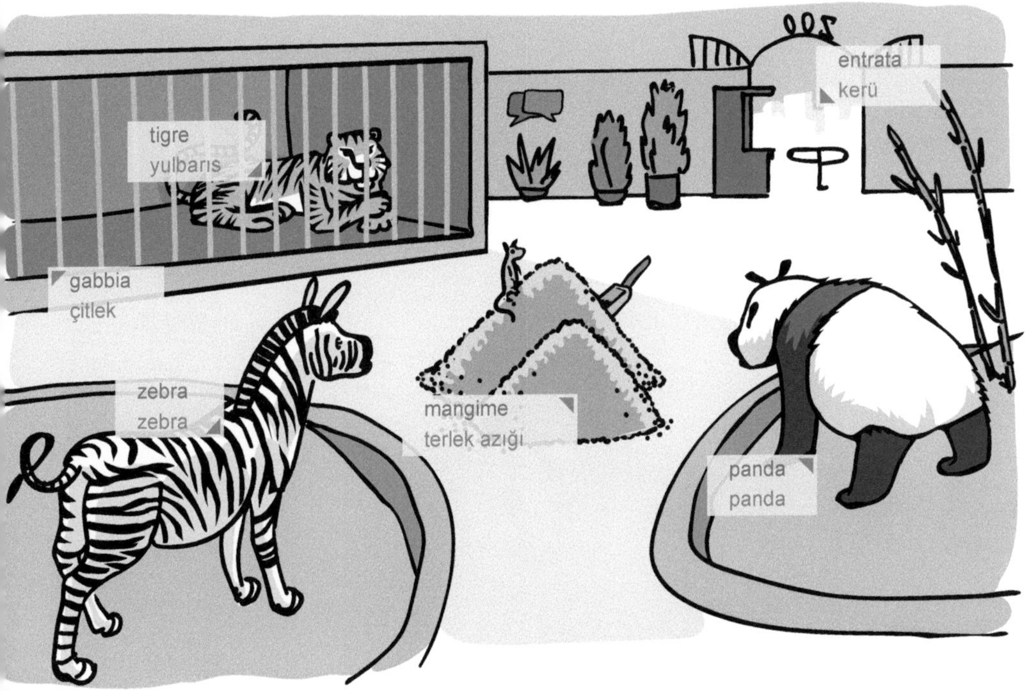
entrata
kerü
tigre
yulbarıs
gabbia
çitlek
zebra
zebra
mangime
terlek azığı
panda
panda

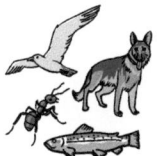

animali

xaywannar

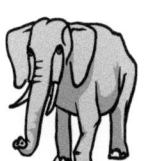

elefante

fil

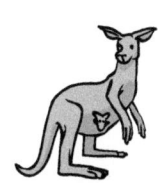

canguro

köngerə

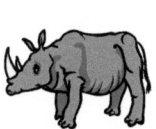

rinoceronte

kərkədən

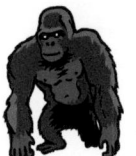

gorilla

gorilla

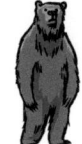

orso

ayu

cammello

döyə

struzzo

təwə qoşı

leone

arıslan

scimmia

maymıl

fenicottero

flamingo

pappagallo

tutıy qoş

orso polare

aq ayu

pinguino

pingwin

squalo

küpek balığı

pavone

tawis

serpente

yılan

coccodrillo

timsax

guardiano

xaywan baqçası
xezmətkəre

foca

suete

giaguaro

yaguar

pony

poni

leopardo

qaplan

ippopotamo

su ayğırı

giraffa

zörəfə

aquila

börket

cinghiale

qaban duñğızı

pesce

balıq

tartaruga

taşbaqa

tricheco

morşa

volpe

tölke

gazzella

ğəzəl

football americano
Amerika futbolı

ciclismo
səpid

tennis
tennis

pallacanestro
basketbol

nuoto
yözü

pugilato
boks

hockey su ghiaccio
xokkey

calcio

futbol

badminton

badminton

atletica leggera

atletika

palla a mano

handbol

sciare

çañğı

polo

polo

ridere
kölərgə

saltare
sikerergə

abbracciare
qoçaqlarğa

camminare
yörergə

cantare
cırlarğa

sognare
xıyallanırğa

pregare
ğibədət qılırğa

baciare
übərgə

scrivre

yazarğa

disegnare

rəsem yasarğa

mostrare

kürsətergə

spingere

etərgə

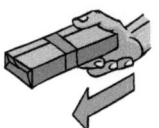

dare

birergə

prendere

alırğa

avere

iyə bulırğa

fare

eşlərgə

essere

bulırğa

stare (in piedi)

basıp torırğa

correre

yögerergə

tirare

tartırğa

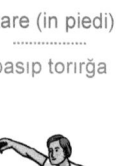

gettare

taşlarğa

cadere

yığılırğa

sdraiarsi

yatarğa

aspettare

kötərgə

portate

taşırğa

sedere

utırırğa

vestirsi

kiyenergə

dormire

yoqlarğa

svegliarsi

uyanırğa

guardare

qararğa

piangere

yılarğa

accarezzare

sıyparğa

pettinare

tararğa

parlare

söyləşergə

capire

añlarğa

domandare

sorarğa

ascoltare

tıñlarğa

bere

eçərgə

mangiare

aşarğa

riordinare

cıyıştırınırğa

amare

söyərgə

cucinare

peşerergä

guidare

sörergə

volare

oçarğa

veleggiare

diñgezgə açılu

calcolare

isəpləw

leggere

uqırğa

imparare

öyrənergə

lavorare

eşlərgə

sposare

öylənergə

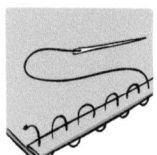

cucire

tegərgə

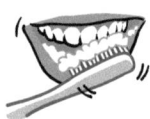

lavarsi i denti

teş fırçalarğa

uccidere

üterergə

fumare

təməke tartırğa

spedire

cibərergə

nonna
əbi

nonno
babay

padre
ata

madre
ana

bebè
sabıy

figlia
qız

figlio
ul

ospite

qunaq

zia

apa

zio

abıy

fratello

abıy / ene

sorella

apa / señel

corpo
tən

fronte
mañğay
occhio
küz
spalla
iñbaş
dito
barmaq
viso
bit
mento
iyək
mano
qul çuğı
gamba
ayaq
petto
kükrək
braccio
qul

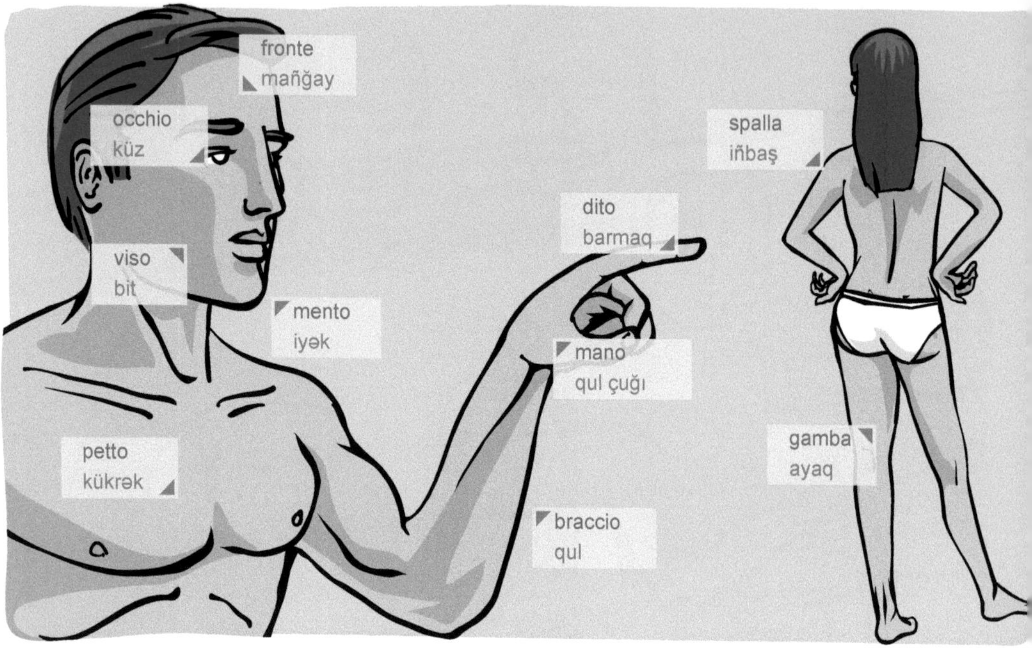

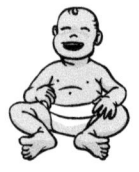

bebè
sabıy

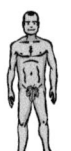

uomo
ir

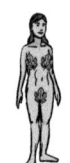

signora
xatın

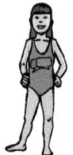

ragazza
qız

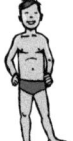

ragazzo
malay

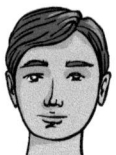

testa
baş

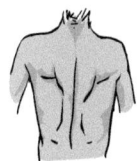

schiena

arqa

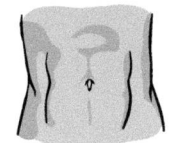

addome

eç

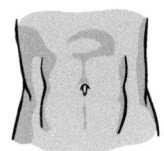

ombelico

kendek

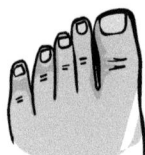

dito del piede

ayaq barmağı

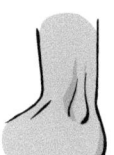

tallone

ükçə

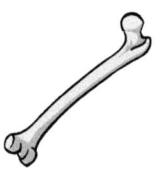

ossa

söyək

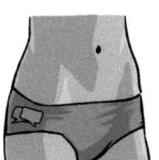

anca

bot

ginocchio

tez

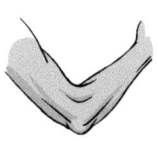

gomito

tersək

naso

borın

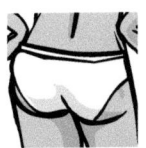

sedere

art san

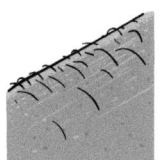

pelle

tire

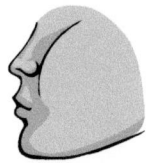

guancia

yañaq

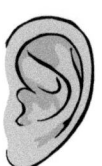

orecchio

qolaq

labbra

iren

bocca

awız

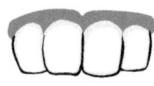

dente

teş

lingua

tel

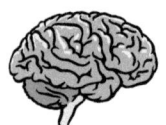

cervello

mi

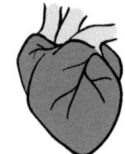

cuore

yörək

muscolo

ğəzlə

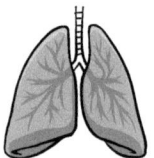

polmone

üpkə

fegato

bawır

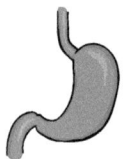

stomaco

aşqazanı

reni

böyerlər

rapporto sessuale

seks

preservativo

prezervativ

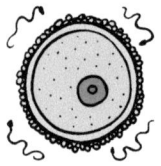

ovulo

kükəy küzənək

sperma

məni

gravidanza

kömən

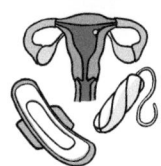

mestruazioni

kürem

vagina

vagina

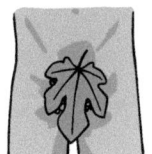

pene

penis

sopracciglio

qaş

capelli

çəçlər

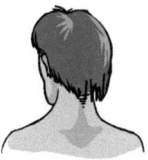

collo

muyın

ospedale
xastaxanə

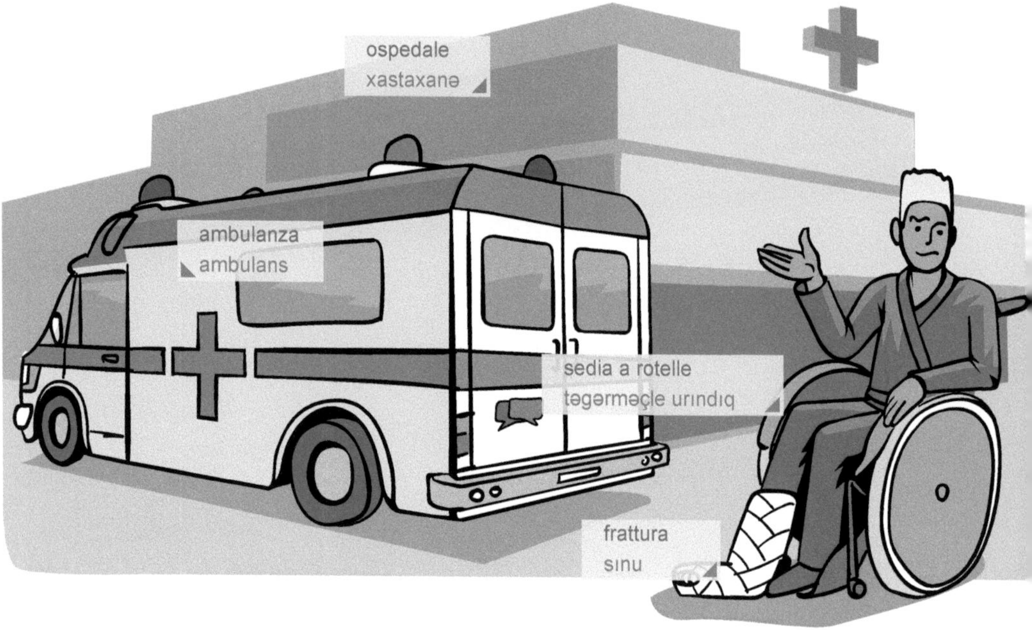

ospedale
xastaxanə
ambulanza
ambulans
sedia a rotelle
təgərməçle urındıq
frattura
sınu

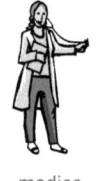

medico

tabib

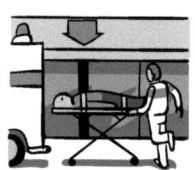

pronto soccorso

aşığıç yərdəm bülməse

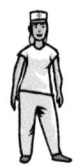

infermiera

şəfqət tutaşı

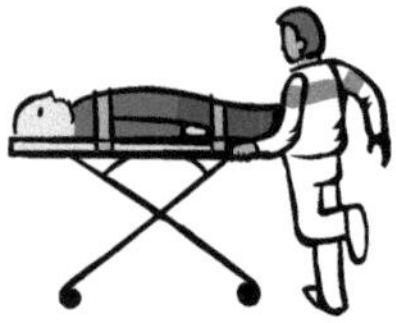

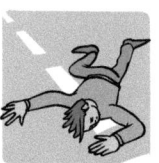

emergenza

kiçektergesez xəl

svenuto

añsız

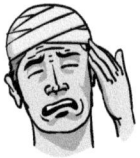

dolore

awırtu

ferita

cərəxətlənü

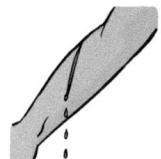

ferita

qan ağu

infarto cardiaco

infarkt

ictus

insult

allergia

allergiyə

tosse

yütəl

febbre

qızu

influenza

grip

diarrea

eç kitü

mal di testa

baş awırtu

cancro

yaman şeş

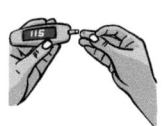

diabete

diabet

chirurgo

xirurg

bisturi

skalpel

operazione

ğəməliyət

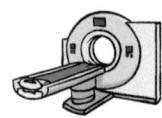

tomografia

ST

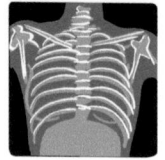

raggi x

röntgen

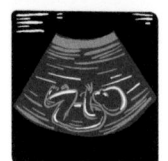

ecografia

ultratawış

mascherina

bitlek

malattia

awıru

sala d'attesa

kötü bülməse

stampelle

qultıq tayağı

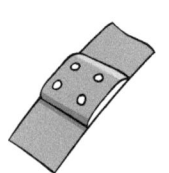

cerotto

plaster

bendaggio

bəyləweç

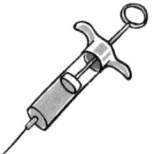

iniezione

qadaw

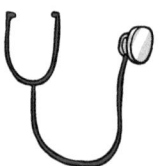

stetoscopio

stetoskop

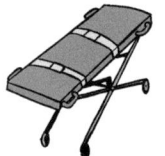

barella

sədiyə

termometro

klinik termometr

nascita

tuu

sovrappeso

artıq awırlıq

apparecchio acustico

işetü cihazı

disinfettante

dezinfektant

infezione

yoğış

virus

virus

HIV / AIDS

KİV / BİDS

medicina

daru

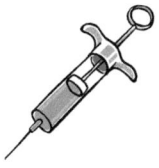

vaccino

vaksinalanu

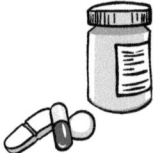

pastiglia

tabletlər

pillola

kontraseptiv tablet

chiamata d'emegenza

aşığıç çaqıru

misuratore di pressione

qan basımı ülçəgeçe

malato / sano

awıru / sələmət

Aiuto!

Qotqarığız!

allarme

xəwef tawışı

aggressione

höcüm

attacco

höcüm

pericolo

qurqınıç

uscita d'emergenza

aşığıç çığu

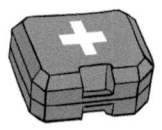

fuoco!

Yanğın!

estintore

ut sündergeç

incidente

qaza

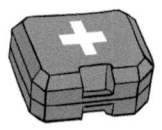

kit di primo soccorso

berençe yərdəm buqçası

SOS

SOS

polizia

polisə

Europa

Awrupa

Nord America

Tönyaq Amerika

Sud America

Könyaq Amerika

Africa

Afrika

Asia

Asya

Australia

Awstralya

Atlantico

Atlantik okean

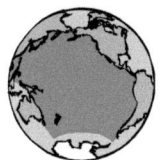

Pacifico

Tın okean

Ocenao indiano

Hind okeanı

Oceano antartico

Antarktik okean

Oceano artico

Arktik okean

Polo nord

Tönyaq qotıp

Polo sud

Könyaq qotıp

Antartico

Antarktika

terra

Cir

paese

qorı cir

Mare

diñgez

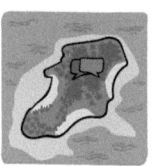

isola

utraw

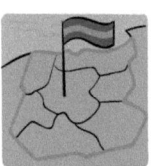

nazione

millət

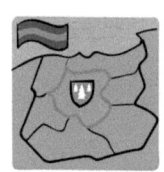

stato

dəwlət

quadrante

səğət bite

lancetta delle ore

səğət uğı

lancetta dei minuti

minut uğı

lancetta dei secondi

sekund uğı

Che ore sono?

Səğət niçə?

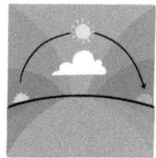

giorno

kön

tempo

waqıt

ora

xəzer

orologio digitale

dijital səğət

minuto

minut

ore

səğət

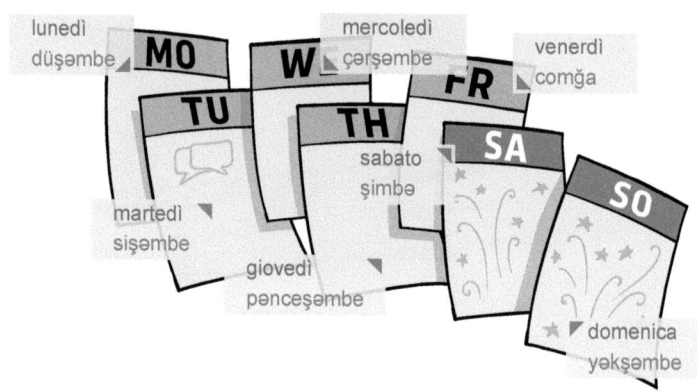

lunedì
düşəmbe

mercoledì
çərşəmbe

venerdì
comğa

martedì
sişəmbe

sabato
şimbə

giovedì
pənceşəmbe

domenica
yəkşəmbe

ieri
....
kiçə

oggi
....
bügen

domani
....
irtəgə

mattino
....
irtə

mezzogiorno
....
töş

sera
....
kiç

MO	TU	WE	TH	FR	SA	SU
1	2	3	4	5	6	7
8	9	10	11	12	13	14
15	16	17	18	19	20	21
22	23	24	25	26	27	28
29	30	31	1	2	3	4

gioni feriali
....
eş könnəre

MO	TU	WE	TH	FR	SA	SU
1	2	3	4	5	6	7
8	9	10	11	12	13	14
15	16	17	18	19	20	21
22	23	24	25	26	27	28
29	30	31	1	2	3	4

fine settimana
....
yal könnəre

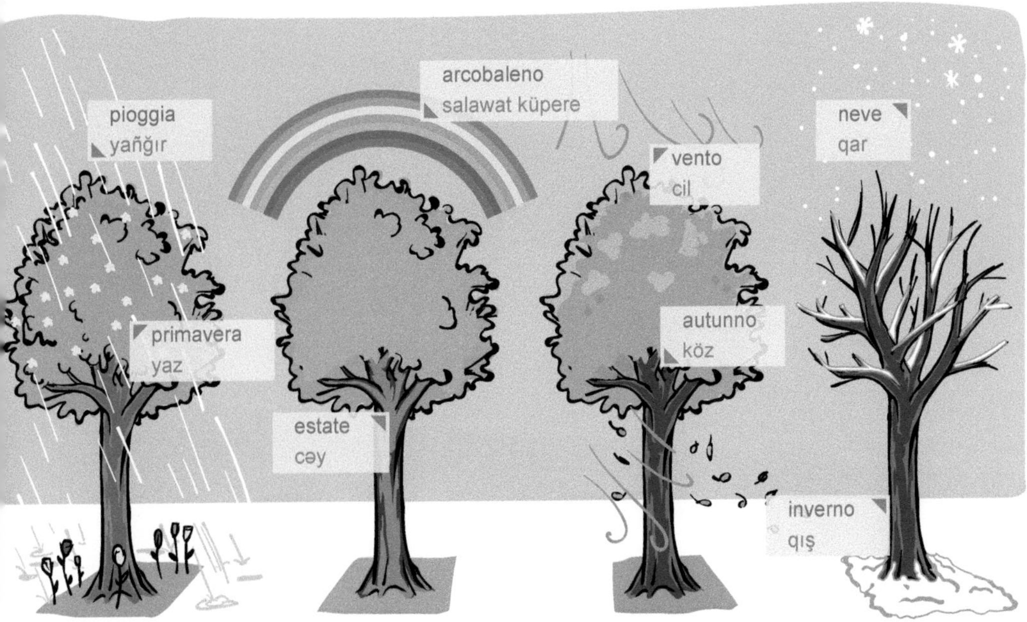

pioggia
yañğır

arcobaleno
salawat küpere

neve
qar

vento
cil

primavera
yaz

autunno
köz

estate
cəy

inverno
qış

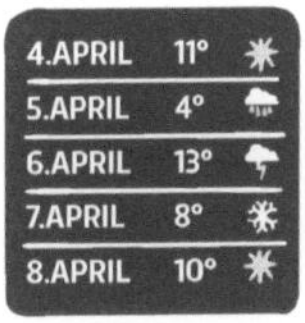

4.APRIL	11°	☀
5.APRIL	4°	🌧
6.APRIL	13°	☁
7.APRIL	8°	❄
8.APRIL	10°	☀

previsioni del tempo

hawa torışı

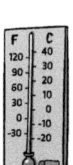

termometro

termometr

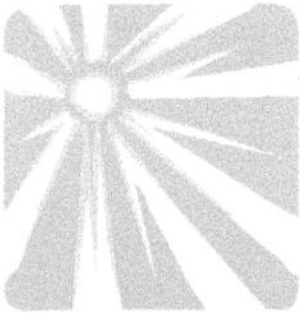

raggio di sole

qoyaş yaqtısı

nuvola

bolıt

nebbia

toman

umidità

dımlılıq

lampo

yəşen

tuono

kük kükrəw

tempesta

dawıl

grandine

boz

monsone

musson

marea

su basu

ghiaccio

boz

gennaio

Qırlaç

febbraio

Aqman

marzo

Buşay

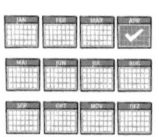

aprile

Yañarış

maggio

Saban

giugno

Çereşmə

luglio

Peçən

agosto

Uraq

anno - yıl

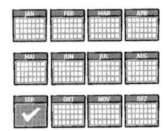

settembre
....
Indır

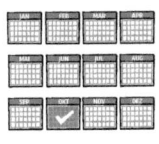

ottobre
....
Bilek

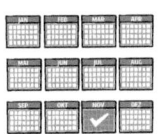

novembre
....
Qaraköz

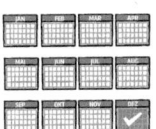

dicembre
....
Kerəw

forme
şəkellər

cerchio
....
tügərək

quadrato
....
dürtkel

rettangolo
....
turıpoçmaq

triangolo
....
öçpoçmaq

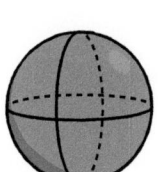

sfera
....
körrə

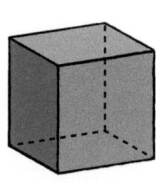

cubo
....
kub

bianco

aq

giallo

sarı

orancione

qızğılt sarı

fucsia

al

rosso

qızıl

lilla

şəməxə

blu

zəñgər

verde

yəşel

marrone

körən

grigio

sorı

nero

qara

molto / poco

küp / az

arrabbiato / tranquillo

usal / tınıç

bello / brutto

matur / yəmsez

inizio / fine

baş / axır

grande / piccolo

zur / keçkenə

chiaro / scuro

yaqtı / qarañğı

fratello / sorella

abıy, ene / apa, señel

pulito / sporco

taza / pıçraq

completo / incompleto

təmam / təmamlanmağan

giorno / notte

kön / tön

morto / vivo

üle / tere

largo / stretto

kiñ / tar

commestibile / immangiabile

....

aşarğa yaraqlı / aşarğa yaraqsız

cattivo / buono

....

yaman / yaxşı

eccitato / annoiato

....

dulqınlanğan / yalıqqan

grasso / magro

....

yuan / yabıq

primo / ultimo

....

berençe / soñğı

amico / nemico

....

dus / doşman

pieno / vuoto

....

tulı / buş

duro / morbido

....

qatı / yomşaq

pesante / leggero

....

awır / ciñel

fame / sete

....

açlıq / susaw

malato / sano

....

awıru / sələmət

illegale / legale

....

qanunsız / qanunlı

intelligente / stupido

....

aqıllı / aqılsız

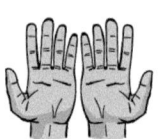

sinistra / destra

....

sul / uñ

vicino / lontano

....

yaqın / yıraq

nuovo / usato
yaña / qullanılğan

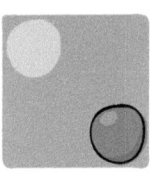

niente / qualcosa
hiçnərsə / nərsəder

vecchio / giovane
ölkən / yəş

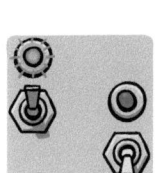

acceso / spento
qabızdırılğan / sünderelgən

aperto / chiuso
açıq / yabıq

silenzioso / rumoroso
tawışsız / göreltele

ricco / povero
bay / yarlı

giusto / sbagliato
döres / yalğış

ruvido / liscio
qıtırşı / şoma

triste / felice
küñelsez / küñelle

corto / lungo
qısqa / ozın

lento / veloce
aqrın / tiz

bagnato / asciutto
dımlı / qorı

caldo / fresco
cılı / salqın

guerra / pace
suğış / tınıçlıq

0

zero

sıfır

1

uno

ber

2

due

ike

3

tre

öç

4

quattro

dürt

5

cinque

biş

6

sei

altı

7

sette

cide

8

otto

sigez

9

nove

tuğız

10

dieci

un

11

undici

unber

12

dodici

unike

13

tredici

unöç

14

quattordici

undürt

15

quindici

unbiş

16

sedici

unaltı

17

diciassette

uncide

18

diciotto

unsigez

19

diciannove

untuğız

20

venti

yegerme

100

cento

yöz

1.000

mille

meñ

1.000.000

milione

million

Inglese

inglizçə

Inglese americano

Amerika inglizçəse

Cinese mandarino

Mandarin qıtayçası

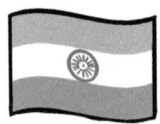

Hindi

hindi

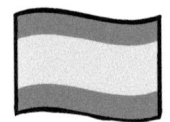

Spagnolo

İspança

Francese

Fransızça

Arabo

Ğərəpçə

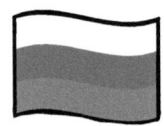

Russo

Rusça

Portoghese

Portugalça

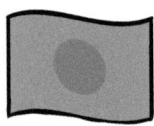

Bengalese

Bengali

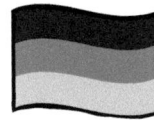

Tedesco

Almança

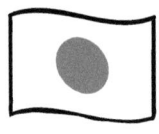

Giapponese

Yaponça

io

min

tu

sin

lui /lei

ul / ul / ul

noi

bez

voi

sez

loro

alar

chi?

kem?

cosa?

nərsə?

come?

niçek?

dove?

qayda?

quando?

qayçan?

nome

isem

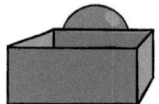

dietro

artta

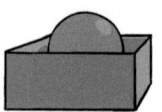

in

eçendə

davanti

aldında

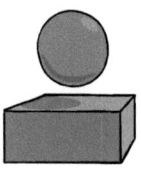

oltre

östendə

sopra

östendə

sotto

astında

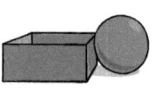

accanto

yanında

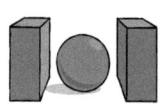

fra

arasında

località

urın